*Opera Prima*
EDICIONS HIPÒTESI



# GIACOMO PUCCINI

# TURANDOT

ADAPTACIÓ: JOAN DE DÉU PRATS
IL·LUSTRACIONS: PEP MONTSERRAT


Impressió: Aleu SL
ISBN: 84-931729-7-9 D.L.: B-9374-2003

Una llei sinistra planava com una maledicció sobre la Xina mil·lenària. Aquesta llei l'havia imposada la filla de l'emperador, Turandot, la princesa del cor glaçat. Des d'aleshores, l'obscuritat havia engolit la Cort Imperial de Pequín. Però un noble príncep sense reialme i una esclava fidel i enamorada van sotragar les tenebres en què havia caigut aquell refinat i llunyà país.

---

Repertori | Tenor: CALAF | Soprano: TURANDOT | Baix: REI TIMUR | Tenor: EMPERADOR ALTOUM | Soprano: LIÙ | Baix: PING | Tenor: PANG | Tenor: PONG | Baix: MANDARÍ |

---

TURANDOT
Drama líric en tres actes, amb libreto de Giuseppe Adami i Renato Simoni, basat en el conte homònim de Carlo Gozzi, i música de Giacomo Puccini. Estrenat al Teatro alla Scala de Milà, el 25 d'abril de 1926.

Era una hora incerta. Aquella hora en què el sol ja s'ha capbussat rere l'horitzó però encara no ha sortit la lluna. Durant aquell període de temps irreal, un munt d'ombres, com flames negres, s'apropaven a la plaça del palau imperial.

A la gran esplanada, les torxes que l'envoltaven il·luminaren amb la seva llum rogenca aquelles ombres: era el poble de Pequín, que s'aplegava per presenciar un macabre espectacle... l'espectacle d'una execució.

La multitud s'anà apinyant fins que ni una agulla va caber a la plaça. Ningú no xerrava, tothom estava expectant.

De sobte, va aparèixer un mandarí per una gran portalada d'on penjava un espectacular gong de bronze.

El silenci encara es va fer més absolut. El mandatari, aleshores, lentament i amb veu ferma, va començar a llegir un ban imperial:

MANDARÍ — Turandot es casarà amb el noble que resolgui tres enigmes. Però si no són endevinats, el cap del pretendent serà tallat... El príncep de Pèrsia no ha tingut fortuna i aquesta nit serà ajusticiat. (1)

Les paraules del funcionari reial van inflamar la gentada que explotà amb crits d'entusiasme. La plaça semblava que s'anava a ensorrar. Tot seguit, el poble reclamà exaltadament la presència del botxí:

MULTITUD — Pu-Tin-Pao! Pu-Tin-Pao!

Entre tots aquells aplegats que s'esgargamellaven, s'hi trobava una esclava que feia de guia d'un pobre ancià que amb prou feines podia caminar. Aquell mateix vespre havien arribat a la ciutat i havien estat arrossegats per la gentada.

Tot d'una, aquella marea humana, enfollida per l'ànsia de sang que no trigaria a ser vessada, s'apropà perillosament a les portes del palau. Immediatament, els soldats imperials van fer-los retrocedir amb llances i espases.

潘景年 编
齐鲁书社

Allò va provocar el pànic a la plaça i tot van ser crits, empentes i corredisses. Enmig d'aquell remolí foll, l'ancià guiat per l'esclava va caure al terra, i corria perill de ser trepitjat brutalment.

LIÙ — Oh, déus del cel! –s'alarmà la noia. Ajudeu-me a aixecar-lo! Que algú m'ajudi o morirà esclafat!

No va ser l'atzar sinó el destí qui va maniobrar perquè acudís a auxiliar els desvalguts un jove desheretat: el príncep Calaf. El jove es va quedar garratibat. El pobre vell que jeia al terra... era el seu propi pare!, el rei tàrtar destronat.

CALAF — Pare! Et retrobo! –va exclamar.

I amb llàgrimes als ulls va ajudar-lo a aixecar-se. Tot seguit l'abraçà i el protegí de la gentada.

L'ancià no se sabia avenir de tanta alegria.

TIMUR, REI TÀRTAR — Calaf, fill meu, ets viu!

El jove va tapar la boca de l'ancià previngudament.

CALAF — Calleu, senyor meu, qui us va usurpar la corona pot tenir espies fins i tot a Pequín.

TIMUR — Et creia mort! –sanglotà el vell tot emocionat.

Com va poder, Calaf conduí el seu pare i la noia fins a un racó arrecerat dels cops dels soldats i el rebombori de la multitud.

Llavors, Timur, el rei dels tàrtars, recuperà l'alè i commogut li explicà:

TIMUR — Perduda la batalla contra els enemics, em vaig convertir en un vell sense regne. Sort vaig tenir que Liù m'ajudés i em fes de guia en el meu exili.

I la va mirar amb profund agraïment.

Des del primer moment que Liù havia vist Calaf, els seus ulls s'havien il·luminat.

CALAF — Qui ets? –li preguntà aquest, impressionat pel bon cor de la noia.

LIÙ — Només una esclava –respongué ella abaixant el rostre.

CALAF — I per què has compartit amb el meu pare totes aquestes angoixes?

Liù s'enrojolà. I finalment s'atreví a pronunciar:

LIÙ — Perquè un dia tu, Calaf, em vas somriure a palau...

La sinceritat de la noia admirà el príncep. I li donà les gràcies per cuidar del seu pare. Sempre més estaria en deute amb ella. Tanmateix no va tenir temps de prosseguir aquella conversa.

La multitud, després d'haver reculat per l'empenta dels soldats, s'havia amuntegat a una distància prudent del palau i, passat l'ensurt, clamava a grans veus la sortida de la lluna per poder presenciar l'execució. Tot seguit començaren a entonar càntics.

MULTITUD — Qui faci sonar el gong veurà aparèixer Turandot. Dura com el jade, freda com l'espasa, és la bella Turandot!

MULTITUD — Els enigmes són tres, la mort només una!

MULTITUD — Pu-Tin-Pao! Pu-Tin-Pao!

Una resplendor començà a entreveure's sobre les muralles que envoltaven la plaça. A la fi sortia la lluna, tota pàl·lida a causa dels mortals esdeveniments que anunciava.

Immediatament s'obriren les grans portes de palau i els ajudants del botxí, sacerdots, mandarins i alts dignataris avançaren cerimoniosament seguits pel condemnat a mort, el príncep de Pèrsia.

Com n'és de canviant el parer de la gent que, en veure el bell rostre del príncep persa i la dignitat amb què afrontava el seu destí, dones i homes, vells i nens s'oblidaren de la seva enfervorida demanda de sang i imploraren clemència.

Calaf, que encara estava trasbalsat pel retrobament amb el seu pare, en veure aquella macabra comitiva, aquella ofrena gratuïta a la mort, es va sentir revoltat per dintre i no va poder evitar d'exclamar amb el puny alçat:

CALAF — Vull veure't per maleir-te, Turandot! Cruel, jo et maleeixo!

Gairebé no havia acabat de pronunciar aquell crit esqueixat que tothom sentí com una alenada d'aire gelat s'escampava per l'esplanada.

La causa no va ser pas el vent del nord, sinó la mateixa presència de Turandot, vestida amb un radiant vestit blanc, bellíssima i majestuosa, però freda com el tacte del marbre.

Portats per una barreja de temença i veneració, la multitud es va postrar al terra. Només van quedar drets el príncep de Pèrsia, absort, com si ja fos a l'altre món, i Calaf, impressionat per la pertorbadora gràcia i perfecció que emanaven de la princesa.

CALAF — Oh, divina bellesa, oh meravella, oh somni! –no va poder evitar d'exclamar Calaf, el fill de Timur, totalment encisat en contemplar-la.

Al seu torn, Turandot, com una estàtua de gel, molt pausadament i amb decisió, va fer un gest de condemna i, sense pronunciar paraula, tornà a retirar-se a palau.

Els sacerdots van clamar tot seguit:

SACERDOTS — Oh, grans déus, que l'esperit d'aquell que ha de morir es reuneixi amb vosaltres.

Però Calaf no els escoltava. Sols sentia el batec accelerat del seu cor. Estava trasbalsat, sacsejat per una profunda emoció que se li havia desvetllat en veure la princesa i que ara reconeixia com l'autèntic sentiment d'amor.

TIMUR — Fill meu, què et succeeix? –li demanà Timur alarmat. (2)

CALAF — No te n'adones, pare, el seu perfum és a l'aire! I a l'ànima!

L'ancià rei va obrir els ulls esverat.

TIMUR — No et deixis arrossegar! Tan sols és una passió, un encís que es paga amb la mort!

LIÙ — Senyor, fugim lluny! –l'apressà també Liù.

Calaf, tanmateix, sentia dins seu una veu que li manifestava que aquell sotrac, aquell sobtat amor era tan autèntic com la noblesa del seu cor. I que rere el menyspreu de la princesa, s'hi amagava la més formosa i delicada de les flors.

El vell Timur defallia. Turmentat, observava com el seu fill, tot just retrobat, era arrossegat per una passió insensata. Va suplicar-li desesperadament que es tragués el vel del rostre, que marxessin d'allí, que es mantingués al seu costat per conservar la vida.

CALAF — La vida és aquí, pare! –va ser l'única resposta de Calaf, tot assenyalant el gran portal on havia vist la princesa.

Turandot estava obsessionada per la mort, en lloc de mostrar-se apassionada per la vida, pensava Calaf amb la sang bullint-li a les venes.

CALAF — La vida és aquí! –va repetir el príncep exaltat.

I cridà amb una força irresistible Turandot!, tot desoint els precs del seu pare.

Els soldats continuaven vigilant la gentada, de manera que Calaf aprofità per arrencar a córrer cap al gran gong i fer-lo sonar. Aquest era el senyal per temptar la sort dels mortals enigmes de Turandot.

A mig camí, però, s'aturà de cop en sentir l'esfereïdora veu del príncep de Pèrsia cridant el nom de Turandot instants abans no li tallessin el cap.

La multitud també va cridar esglaiada en sentir el cop sec de la destral.

Uns instants després, aparegué dalt de les muralles que envoltaven la plaça, com una au sinistra, el botxí mostrant el cap del malaguanyat noble.

TIMUR — Això és el que vols, fill meu?! –tornà a esgargamellar-se l'ancià Timur, desfet per l'angoixa.

Però ni el crit esqueixat del condemnat, ni l'espant de la multitud, ni les súpliques del seu pare podien aturar Calaf. Va tornar a córrer com un esperitat fins que tres ministres imperials li barraren el pas.

PING, PANG, PONG, MINISTRES — Vés-te'n! Aquesta és la porta que condueix a l'escorxador! –l'advertiren.

CALAF — Deixeu-me passar! –va bramar Calaf determinat a guanyar, fos com fos, l'amor de Turandot.

Aleshores, els tres ministres el tractaren de boig.

PING — Recupera el seny! Torna al teu país! –l'aconsellà un.

PANG — No volem més forasters encegats! –l'avisà l'altre.

PONG — Escapa o es prepara el teu enterrament! –sentencià el tercer.

El príncep no en va voler saber res. Va empènyer els ministres i agafà el mall per fer sonar el gong.

PING, PANG, PONG — Atura't! –li ordenaren de nou els ministres.

PING, PANG, PONG — Una nit sense llum, la foscor d'una xemeneia, són més clares que els enigmes de Turandot! –insistiren.

PING, PANG, PONG — Allunya't, il·lús, dels enganyosos enigmes de Turandot!

Amb tot, Calaf no vacil·lava. Aixecà el mall i exclamà:

CALAF — A mi el triomf! A mi l'amor!

Anava a colpejar el bronze del gong quan Liù va llançar-se als seus peus amb el cor trencat.

LIÙ — Venç aquesta fascinació horrible!

I amb els ulls plens de llàgrimes afegí:

LIÙ — He recorregut un llarg camí amb el teu nom a l'ànima, amb el teu nom als llavis, pietat, pietat! (3)

Calaf mirà la noia amb tendresa però tot seguit els seus ulls s'ompliren altra vegada de determinació.

CALAF — He de seguir el meu destí. No hi ha res que em pugui detenir!

I li demanà a l'esclava fidel que cuidés del seu venerable pare.

La multitud, testimoni de la dramàtica decisió de Calaf, tornà a aixecar la seva veu tota sobresaltada i cantà la mort segura d'aquell imprudent.

El príncep tàrtar contemplà els ministres aclaparats, el pare afligit, l'esclava amb el cor esberlat, la multitud eixelebrada… Agafà aire, i va colpejar amb la força de cent guerrers el gran gong de bronze alhora que cridava: Turandot!, Turandot!, Turandot!

La Xina, que s'estenia des del llunyà Tse-Kiang a l'immens Iang-Tsé, havia viscut glòries i una serena pau des de feia molt de temps. Tanmateix, quan Turandot es va fer gran i va tenir edat de casar-se es va convertir en un autèntic malson per a l'Imperi. Des d'aleshores, la princesa havia imposat la llei dels tres enigmes. I molts enamorats havien patit la mateixa dissort que el noble persa.

Després que Calaf hagués desafiat Turandot, havia passat la nit custodiat pels soldats. Ara tornava a ser capvespre sobre la ciutat de Pequín i poc faltava perquè tornés a sortir la lluna plena. El príncep va ser conduït fins a la sala major del palau imperial.

La multitud, com tantes altres vegades, s'apinyava davant l'edifici per contemplar aquell duel entre l'amor d'un home valent i la llei implacable de Turandot.

No trigaren en arribar els mandarins i els savis que portaven els pergamins segellats on s'ocultaven les solucions dels enigmes de la princesa.

Finalment, entre un núvol d'encens, va aparèixer Altoum, l'ancià emperador xinès, amb un posat gairebé diví, i es va asseure al tron.

MULTITUD — Deu mil anys de vida a l'emperador! –van exclamar els reunits, i tot seguit es van postrar al terra.

L'emperador va abaixar la mirada fins a topar amb Calaf. Greu, sense que la veu delatés cap emoció, va parlar tot seguit.

ALTOUM — He de ser fidel a un trist i cruel jurament. Però no vull vessar més sang. Jove, vés-te'n! (4)

Calaf, tanmateix, no dubtà ni un moment i apropant-se al tron, amb decisió respongué:

CALAF — Fill del Cel, sol·licito afrontar la prova!

L'emperador va intentar per segona vegada dissuadir a qui creia un eixelebrat, però davant la fermesa del príncep acabà exclamant:

ALTOUM — Que així sia, doncs, estranger!

I conduïren Calaf a l'exterior de palau, dalt de tot de les grans escalinates. El poble de Pequín restava expectant als seus peus. Llavors s'avançà un mandarí i pronuncià un breu discurs.

MANDARÍ — Aquesta és la llei: Turandot, la Pura, serà l'esposa d'aquell noble que resolgui els tres enigmes que proposarà. Però qui no els endevini, oferirà el seu cap al tall esmolat de la destral!

Una mà invisible va fer emmudir a tots aquells que murmuraven. Absolutament immòbil, amb la mirada fixa i la respiració continguda, el poble de Pequín esperava que la inquietant Turandot aparegués sota la tènue llum de les torxes. (◎ 5)

La princesa no els defraudà. D'entre els fumalls d'encens, una ombra va avançar fins que tothom va poder contemplar-la, enlluernadora, magnífica, abillada amb un esplèndid vestit d'escates vermelles.

La multitud continuava muda. Ni tan sols els ocells que cantaven de nit van gosar interrompre la majestuositat d'aquell moment.

Calaf, al seu torn, no podia apartar la mirada d'aquella dona altiva, distant, però de la qual estava profundament enamorat.

Turandot, tanmateix, es mostrà indiferent a l'admiració que sentia el poble per aquell noble que no trigaria a lliurar el cap a la destral.

Sense més cerimònies, la princesa va descloure els llavis i una veu tan freda com la gebrada omplí l'esplanada.

PRINCESA TURANDOT — Fa molt de temps, un crit desesperat es va sentir en aquesta cort. Era el crit de la princesa Lo-u-Ling, dolça i serena, la qual va ser ultratjada i morta per un estranger, un rei tàrtar, que saquejà Pequín. Quan vaig néixer, el lament esgarrifós d'aquella avantpassada creuà el passat fins arribar al present i se'm ficà a l'ànima.

Turandot va callar un instant. Cap emoció semblava trasbalsar-la. I a la fi va sentenciar:

TURANDOT — L'horror d'aquell estranger està viu en el meu cor. Ningú mai no em tindrà. Per això proclamo: els enigmes són tres, la mort és una! (◎ 6)

La multitud es va esverar quan Calaf va replicar immediatament les darreres paraules de la princesa.

CALAF — No! Els enigmes són tres, la vida és una! –la reptà.

La princesa, però, semblava no escoltar-lo. Impertorbable, tornà a badar la fina boca i va pronunciar el primer dels mortals enigmes.

TURANDOT — Per la nit ombrívola, vola un fantasma multicolor. S'enlaira i desplega les ales sobre l'afligida humanitat. Tot el món l'invoca i tot el món l'implora. Però el fantasma es fa fonedís a l'albada, tancat dins el cor dels humans. I cada nit neix, i cada dia mor.

Calaf havia escoltat l'enigma, completament quiet, sense moure ni una cella, concentrat, però amb el cor obert per copsar la inspiració.

Els ulls de la multitud, dels mandarins, del vellíssim emperador i l'altiva i arrogant Turandot estaven damunt seu com dagues esmolades. Però cap senyal d'indecisió es veia en el rostre de Calaf. De sobte, il·luminà la cara, afrontà la mirada de la princesa i sense que li tremolés la veu pronuncià:

CALAF — Sí, reneix! Reneix! I apassionadament m'acompanya!

Ara guaità fixament la princesa.

CALAF — Turandot: és L'esperança!

Una onada de murmuracions va travessar la gran plaça. Els savis, sense poder ocultar la inquietud, obriren el primer pergamí.

Volà una garsa blanca damunt l'esplanada i tal era el silenci que es va sentir com bategaven les ales.

Un savi, amb veu excitada, confirmà l'encert de Calaf:

SAVI — L'esperança! L'esperança! L'esperança!

Turandot va fer un gest de rebuig i amb un cop sec de mà va fer emmudir l'enrenou de la multitud.

TURANDOT — Sí, l'esperança que defrauda sempre –sentencià menyspreant Calaf.

Amb ràbia continguda, la princesa s'atansà fins on es trobava Calaf i mirant-lo amb ulls enfurits, proposà el segon enigma.

TURANDOT — Brilla com la flama i no és flama. Potser és bogeria. És febre de passió. Si mors es refreda. Si somies la conquesta, s'inflama, s'inflama. Té una veu que palpita i és del color de l'ocàs.

ALTOUM — No perdis la vida, estranger, respon! –l'apressà l'emperador.

La multitud enfebrida, era un clam i també l'acuitava:

MULTITUD – Parla!, parla si valores la vida!

Calaf meditava. Res que no fos saber la resposta li importava. Tornà a preguntar-ho al cor i s'exaltà en obtenir la resposta.

CALAF — Sí, princesa. S'inflama i s'apassiona si tu em mires. I em corre per les venes: La sang!

Turandot va torçar l'expressió.

Els savis obriren el segon manuscrit i van proclamar:

SAVIS — La sang! La sang! La sang!

Visiblement alterada, la princesa va tancar els punys amb tanta força que es clavà les ungles a la carn. Aleshores, d'un rampell, tornà a encarar-se a Calaf i amb mala voluntat bramà:

TURANDOT — El gel que t'inflama, encara gela més el teu foc. Blanca i obscura. Si et vol lliure, et farà més esclau. Si t'accepta per esclau et farà rei!

Calaf aguantà l'expressió de satisfacció de la princesa.

TURANDOT — Au, vinga estranger!, empal·lideixes de por. I et sents perdut. Au, vinga estranger!, el gel que dóna foc. Què és?

Calaf desafià amb la seva mirada la de la filla de l'emperador i proclamà radiant:

CALAF — Ara la meva victòria et fa meva. El meu foc et desglaça! La resposta és Turandot!

Els savis van obrir el pergamí precipitadament i van llegir a grans veus completament desconcertats:

SAVIS — Turandot! Turandot! Turandot!

El poble de Pequín va ser un sol clam. Semblava que les pedres dels edificis havien de caure de tanta cridòria.

Només una persona continuava absolutament immutable, tret de l'emperador. De sobte, la princesa es girà d'una revolada cap al seu pare, tota implorant i furiosa alhora.

TURANDOT — No llancis la teva filla en braços de l'estranger! –bramulà tot seguit com una fera acorralada.

L'emperador feia anys que havia perdut el darrer somriure. I, feixuc, amb el rostre tristíssim, sentencià:

ALTOUM — El jurament és sagrat.

Aleshores, Turandot fità de nou Calaf i amb llengua de serp li engegà:

TURANDOT — Mai no seré teva. Mai!

I afegí roja d'ira:

TURANDOT — Em vols a la força, tota irada?

El noble heroi havia guanyat el duel perquè havia escoltat el seu cor, però sabia que Turandot encara no havia obert el seu. De manera que li respongué:

CALAF — No, no princesa orgullosa. Et vull tota ardent d'amor.

I atansant-se-li perquè sentís el seu anhel pur li digué suaument, com a nova prova d'amor:

CALAF — Tres enigmes m'has plantejat i els tres he resolt. Jo ara a tu te'n proposaré només un. D'aquesta manera poso altra vegada la meva vida a les teves mans... com a prova de l'amor que sento per tu.

I amb una mirada intensa es lliurà a Turandot tot afirmant:

CALAF — No saps el meu nom. Digues el meu nom abans de l'alba... I a l'alba moriré!

La princesa no semblà gens impressionada per aquelles generoses paraules. Però s'omplí de secreta satisfacció per la nova oportunitat que tenia de desempallegar-se de Calaf.

Tornà a cobrir-se d'un mantell de gel. No es va moure. Gairebé no respirava, i la seva mirada sense escalfor es va perdre més enllà de la gentada.

Llavors, fent un lleu moviment de cap, acceptà el que Calaf li proposava.

Les estrelles rodaven pel cel i Calaf les contemplava des del jardí reial de palau. Ara sabia per què Turandot vivia una mena de mort en vida, presonera d'uns fets desgraciats que havien succeït molts anys enrere. L'horror de la mort de la pobra princesa Lo-u-Ling a mans d'un bàrbar, havia travessat els segles i s'havia instal·lat en el cor de Turandot convertint-lo en una cambra glaçada. Però Calaf tenia la certesa que l'albada li portaria de la mà, com un present molt delicat, l'amor de la filla de l'emperador.

Fora, al carrer, els heralds creuaven la ciutat i advertien la població:

HERALDS — Que ningú no dormi! Pena de mort per a qui sàpiga el nom de l'estranger i no el reveli!

Calaf, però, confiava que la matinada arribaria sense que ningú no desvelés el misteri del seu nom. I, aleshores, ell mateix el xiuxiuejaria sobre uns llavis que havien estat glacials però que la força de l'estimació convertirien en càlids i dolços.

Tot imaginant aquell goig, no s'adonà de la presència sobtada dels tres ministres imperials amb qui havia topat davant del gran gong.

CALAF — Què voleu? –els demanà malfiant-se'n.

Els ministres temien la ira de Turandot. De ben segur, pensaven, si no aconseguien arrencar-li el nom al príncep, Turandot també ordenaria que els tallessin el cap. Per tal de continuar vius, ara pretenien enverinar el ferm amor de Calaf. (◎ 7)

Li oferiren les més belles noies del regne si marxava del país. Picaren de mans i una munió de ballarines sortiren al jardí i dansaren al seu voltant. També li proporcionaren cofres plens d'or i la glòria de conquerir terres llunyanes.

Però el príncep no veia les formoses donzelles, ni el fulgor de l'or, ni sentia la cobdícia de posseir altres reialmes. Només veia el delicat i perfecte rostre de Turandot.

Els ministres es desesperaven amb l'obstinació de Calaf i ja veien el seu cap rodolant quan se sentiren passes decidides i el soroll metàl·lic d'armes que s'entrexocaven.

Tot d'un plegat, van aparèixer soldats imperials portant la fidel Liù i el vell rei Timur, tot maltractats.

El cor de Calaf va fer un bot en veure'ls i el seu rostre empal·lidí de cop.

PING, PANG, PONG — Per fi els han trobat! –es retorçaren de satisfacció els ministres.

Calaf els va abraçar.

PING, PANG, PONG — Són el vell i la jove que ahir parlaven amb tu... –digué un dels ministres amb veu maliciosa.

CALAF — Ells no saben res! Deixeu anar aquests innocents! –s'esgargamellà el príncep ofuscat per tanta traïdoria.

Els ministres assaboriren aquell magnífic moment i, sense escoltar-se en absolut Calaf, feren anar a buscar la princesa.

Com un esperit de la nit, tot lliscant sense fer fressa, Turandot es presentà immediatament.

Un dels ministres, aleshores, s'afanyà a explicar que el secret del nom del noble que tant l'havia angoixat i trasbalsat estava guardat dins d'aquelles boques silencioses.

Amb el rostre impertorbable, la princesa manà que interroguessin els captius.

Massa emocions havia patit el vell Timur per suportar-les sense que li perillés la vida, de manera que Liù es desempallegà dels soldats i exclamà que només ella sabia el nom del foraster.

LIÙ — Però no el confessaré perquè és un goig suprem guardar-lo per a mi sola –declarà plena de valentia.

Cap escrúpol podia parar a aquelles alçades els ministres, els quals manaren als soldats que arrenquessin fos com fos el nom de l'estranger de la boca de Liù.

Amb un crit esfereïdor, Calaf es va llançar sobre els soldats per impedir que torturessin la noia, però només va aconseguir que el reduïssin.

Malgrat els maltractaments dels soldats, l'esclava no pronuncià el nom que Turandot tan ansiosament volia sentir.

《黄庭坚书廉颇蔺相如列传》该帖为山谷晚年草书佳作，以篆入草，沉雄入妙，可谓人书俱老。笔道圆劲，气势贯通，参差错落，奇宕有致

TURANDOT — Qui ha posat tanta força al teu cor? –li escridassà la princesa enrabiada després de mirar en el cel si s'apropaven les primeres llums de la matinada.

LIÙ — L'amor, senyora –sanglotà l'esclava. Si callo, a l'albada tu seràs seva. Aquesta és l'ofrena del meu amor per ell. (◎ 8)

Mai Turandot no havia vist tanta generositat. Però encegada, veient que el temps se li acabava, ordenà que li arrenquessin el secret.

Els ministres cridaren el botxí i, uns instants després, un homenàs sinistre, el temible Pu-Tin-Pao, avançava pel jardí de palau. Liù es va veure perduda i abans no traís l'amor que sentia per Calaf, d'una revolada es deslliurà dels braços que l'empresonaven, agafà un ganivet d'un dels soldats i se'l clavà sense cap mirament.

Abans de tancar els ulls per sempre més, Liù mirà tendrament el príncep que, un dia, li va somriure al palau del vell rei Timur…

Calaf va deixar anar un lament profund de les entranyes. El seu pare plorà desconsoladament mentre repetia una vegada i una altra el nom de l'esclava morta.

Ningú més no va reaccionar. La resta de presents quedaren garratibats pel sacrifici de Liù, l'esclava. Aquell acte suprem d'abnegació va commoure tothom. Alguna cosa s'havia trencat definitivament dins la cuirassa de fred acer que protegia Turandot.

CALAF — Princesa de mort, aquesta sang puríssima s'ha vessat per tu! –va retreure-li Calaf.

I, tot seguit, l'agafà pels braços, la sacsejà perquè despertés del malson on havia quedat atrapada.

CALAF — La teva gelor és mentida! –li esbombà a la fi.

Turandot, per primera vegada, vacil·là. Tota la seva vida trontollava. Però no podia reconèixer el patiment que havia viscut durant tant de temps. Un patiment que li havia assecat l'ànima.

TURANDOT — No t'apropis! Enrere! No em toquis, estranger!

Calaf desobeí aquell prec desesperat i acaricià Turandot.

La princesa va notar una esgarrifança. La seva pell s'eriçà. Una escalfor com mai abans no havia sentit li va envair tot el cos.

TURANDOT — Sacrilegi! Què em succeeix? Estic perduda!

Una intensa alegria esclatà en el pit de Calaf. La primavera havia arribat a Turandot. El riu de la seva vida a la fi es desglaçava.

CALAF — Flor meva, ja sento la teva dolcesa.

La princesa esclafí a plorar desconsoladament. Calaf l'abraçà i tot seguit mirà el cel.

CALAF — És l'albada! És l'albada i l'amor neix amb el sol! –exclamà el jove noble emocionat.

Vessant llàgrimes amargues, Turandot confessà al príncep que en veure'l per primera vegada va sentir un calfred fatal. Sempre havia menystingut els seus pretendents, però a ell l'havia temut.

TURANDOT — Hi havia en els teus ulls la llum dels herois. Hi havia en els teus ulls una gran fe. I et vaig odiar per aquest motiu… i alhora, i alhora vaig témer perquè et podria estimar.

CALAF — Tu que tremoles si t'acarono. Tu que empal·lideixes si et beso, el meu nom i la meva vida et dono.

I abraçant-la apassionadament li confessà:

CALAF — Jo sóc Calaf, fill de Timur. (9)

I en aquell moment, en posar el seu nom i la seva vida en mans de Turandot, a la princesa se li obrí de bat a bat el cor.

La lluita havia acabat. El príncep no s'havia pas equivocat. Des del principi havia sabut que el destí l'havia cridat per treure la bena de la por a la bella Turandot.

## EPÍLEG

Una vegada més la multitud, el poble de la gran ciutat de Pequín, s'havia reunit per aclamar l'emperador. Per primer cop, tanmateix, durant molt de temps, la celebració es feia sota la llum del dia.

El fill del Cel, el vell Altoum, contemplava el seu poble dalt de la monumental escalinata, envoltat de mandarins, ministres, savis i la resta de la cort. (10)

MULTITUD — Deu mil anys de vida al nostre emperador! –festejava la gentada.

Turandot, situada a la seva dreta, radiant, amb el rostre mes formós que mai cap princesa no hagués tingut, es dirigí amb goig cap al tron:

TURANDOT — Pare august, finalment conec el nom de l'estranger! El seu nom és… El seu nom és Amor!

Calaf pujà aleshores les escalinates a grans passes i abraçà Turandot mentre la multitud ho celebrava, els cobria de flors i cantava:

MULTITUD — Llum del món és l'amor!

I d'aquesta manera, la maledicció que planava sobre la mil·lenària Xina s'esvaí de cop, com s'esvaeixen les tenebres quan arriben els primers rajos de sol.

# GIACOMO PUCCINI

[Lucca (Itàlia), 1858 – Brussel·les (Bèlgica), 1924]

Giaomo Puccini va ser el darrer gran compositor del *bel canto* italià. Procedia d'una família de músics i des dels cinc anys el seu pare li va donar classes d'orgue. Al finalitzar els seus estudis es presentà en un concurs musical amb l'òpera *La Villi*, que va ser premiada i va tenir força ressò. Però el seu èxit decisiu fou amb *Manon Lescaut* i *La Bohème*. Després estrenà *Tosca*, *Madame Butterfly* i altres òperes tot assolint un reconeixement mundial. Afectat d'un càncer de gola no va poder acabar *Turandot*, afegint-li Franco Alfano una breu conclusió.

Les seves troballes harmòniques, el seu extraordinari sentit teatral, l'orquestració rica i original i la importància dels personatges femenins són les principals aportacions de Puccini al món operístic.

GIACOMO PUCCINI

# TURANDOT

Orchestra & Coro del Teatro Comunale dell'Opera di Genova

Daniel Oren

1) Popolo di Pekino! [2'04"]

Mandarí: Alfredo Giacomoti (baix);
Liù: Cecilia Gasdia (soprano); Guàrdies; Cor

2) Figlio, che fai? [1'31"]

Timur: Roberto Scandiuzzi (baix);
Calaf: Nicola Martinucci (tenor);
Liù: Cecilia Gasdia (soprano)

3) Signore, ascolta! [2'19"]

Liù: Cecilia Gasdia (soprano)

4) Un giuramento atroce mi costringe [4'13"]

Altoum: Angelo Casertano (tenor);
Calaf: Nicola Martinucci (tenor); Cor

5) In questa reggia [6'12"]

Turandot: Ghena Dimitrova (soprano);
Calaf: Nicola Martinucci (tenor); Cor

6) Tre enigmi m'hai proposto [3'46"]

Calaf: Nicola Martinucci (tenor);
Altoum: Angelo Casertano (tenor); Cor

7) Tu che guardi le stelle [3'52"]

Ping: Giancarlo Ceccarini (baix); Pang: Tullio Pane (tenor); Pong: Piero de Palma (tenor);
Calaf: Nicola Martinucci (tenor); Cor

8) Tanto amore segreto [3'24"]

Liù: Cecilia Gasdia (soprano); Turandot: Ghena Dimitrova (soprano); Calaf: Nicola Martinucci (tenor);
Ping: Giancarlo Ceccarini (baix)

9) So il tuo nome [1'24"]

Turandot: Ghena Dimitrova (soprano);
Calaf: Nicola Martinucci (tenor)

10) Diecimila anni al nostro Imperatore! [3'00"]

Cor; Turandot: Ghena Dimitrova (soprano)